AF142824

Préface

Qui peut le mieux éveiller notre esprit, ne serait-ce qu'un peu, sur tout ce qu'écrire implique ?

Qui peut le mieux nous faire toucher du doigt le paradoxe de cet acte qui est à la fois ouverture sur les autres et recherche du soi?

Qui ? Si ce n'est celui qui a trouvé la force d'aller puiser au plus profond de ses ressentis , et qui a la générosité pure de nous livrer ses écrits sans s'imposer à notre libre pensée.Ce livre comme les précédents a le pouvoir , du savoir, de la simplicité et sans comprendre vraiment comment , il ouvre notre esprit à d'autres perspectives et trouve un écho au plus profond de nous, un écho qui nous remue les tripes et nous laisse, le souffle court et l'esprit en ébullition.

Comment n'avions-nous pas vu avant toute la magie d'écrire ?

Toi, Seul, Sébastien a cette conscience de pouvoir transmettre les choses les plus simples, de la plus magique et antique des façons : en

écrivant .... Ne t'arrête pas .

Muriel .

@2017 Sébastien Belluso

Éditeur : Books on Demand GmbH,12/14 rond point des Champs Élysées, 75008 Paris France

Impression : Books on Demand GmbH Norderstedt Allemagne

ISBN : 9782322086146

Dépôt légal : Novembre 2017

L'éveil d'écrire// décrit L'éveil...

Ma foi me répète souvent de ne croire en rien...·

Écrire est un bien être·

Écrire, c'est comme rendre l'instant éternel·

L'homme communique peut être mieux par l'écrit ?

Écrire peut faire pleurer. Une lecture peut faire sourire.

L'écrit reflète de toutes ses couleurs quand il est écrit simplement.

Écrire donne naissance au personnage que l'on est.

Une vie sans écrits est une terre sans ciel.

Tout le monde pense même si on ne sait pas écrire, alors on dessine·A lire, à celui qui ne sait pas écrire.

Comme l'oiseau... Écrire : c'est voir le monde...

Écrire est le regard en soi.

... Écrire rend libre.

En écrivant on délivre l'âme.

Il est écrit bleu.

Le voyez vous ?

Avec l'alchimie des mots comme fleur, on peut faire un bouquet.

Il est parfois émotionnel de lire des écrits.

Coupé d'autrui on revient à son être.

Écrire est une bohême...

Écrire, c'est comme faire fleurir une plante qui ne fâne plus.

Écrire, c'est laisser sa pensée sur terre.

Écrire, c'est faire une digue aux eaux qui débordent.

Écrire permet de garder une vie en mémoire.

Écrire ouvre des voies nouvelles.

Écrire peut enliser dans une douce solitude.

Chacun ses profondeurs... Chacun sa lecture... L'écriture peut être alors échangée...

Elle sera elle, inchangée...

Écrire construit le monde.

Écris seul.

Tu méditeras alors...

Les écrits ouvrent les portes à l'inspiration.

Longtemps déjà.

Par l'écriture, le monde est tenu...

Écrire avec de la musique en fond est agréable.

Relire ses écrits rend serein. On ne peut pas rire de ses écrits et faire pleurer celui qui lit.

Sauf s'il pleure de rire... Le fait d'écrire sur écrire fait méditer.

La page blanche

détient l'arbre.

Dans la feuille,

existe l'arbre...

L'écrivain tient la plume comme le pécheur tient la canne.

C'est l'harmonie qui compte et non d'être un grand pécheur.

Écrire c'est fermer les yeux

au monde et les ouvrir en soi

pour le monde.

Écrire n'est pas une fin mais un commencement.

Beaucoup écrivent mais peu connaissent ce plaisir.

Écrivez une pensée sur votre chèque de banque, le monde changera peut être.

Écrire guide dans le labyrinthe de la vie.

Que voyez vous par la fenêtre ?

Écrivez-le, même si cela n'a

pas de sens.

Relisez-le !

Trois mois plus tard, il

n'aura peut être toujours pas

de sens.

Relisez-le !

Quatre ans plus tard, il aura pris un

sens.

Écrivez ici votre pensée instantanée sur « écrire ».

Le pécheur est le poisson... L'écrivain est le mot... l'encre est rivière...

La feuille blanche a son univers...

La plume à la main, l'écrit s'échappe parfois. Le ciel pleure, la terre s'inonde. On touche au ciel, la terre tremble.

Écrire mène là.

Où l'on ne s'attend à rien.

Est ce la solitude qui fait écrire ou est ce d'écrire qui mène à la solitude ?

Écrire rend neutre en vers soi.

Chaque fois que vous êtes en vacances, si rares pour la majorité,envoyez vous une carte à vous-même.

On saura vraiment comment se sont passées les vacances. Même seul, on a besoin de partage l'écrit est une possibilité.

La preuve vous l'avez en main.

Écrire :

 comme le vin,

trop on finit ivre.

Vous êtes seul pour savoir si écrire est bénéfique.

Écrire la nuit éveille.

Écrire rappelle l'instant.

Écrire est un devenir.

La petite histoire.

De celui qui écrit

C'est de se lire.

*Une musique, une bougie, une feuille,
une plume composent une liberté.*

*La vie évolue et le monde pense
toujours. Reste à savoir à quoi il pense.*

J'écris celle d'un être.

Écrire fait descendre la surface et fait monter la profondeur.

Après le pas de linceul, les écrits aident le prochain.

Les ancêtres l'avaient déjà compris.

Écrire stabilise ce qui est déséquilibré.

Écrire est la danse de la main.

Écrire rythme le temps.

En écrivant, on décrit la vie et on lit une réalité, la sienne.

A quoi bon la garder notre, si cette réalité est pleine de bonté.

Un spirituel est un arbre...

Un spirituel est une feuille...

Un philosophe écrit...

L'écrit fait apparaître la raison.

« Je ne peux point me lire si la feuille demeure blanche. »

Je continue à prendre des consciences, je mesure démesure et sur-mesure mes propres écrits à la relecture. Parfois aucune mesure n'existe au moment de l'écriture.

Avec la feuille et la plume, peu importe, si les sentiers sont inconnus.

L'envie de rien réduit à l'envie de tout.

A envier tout on finit par ne plus rien envier.

Écrire c'est dépasser les évènements.

Écrire c'est faire un pèlerinage pour terminer chez soi.

On ne peut écrire que si l'on a la bonté.

Écrire rend sage.

Écrire est une cible dont le centre est partout et nulle part.

Un rêve dont la réalité est facilement accessible d'où sa difficulté.

Un long périple.

Un long voyage.

    A portée de main. C'est écrit......

Le voyage du rêve est écrit.

Ne pas penser semble impossible, ce qui en revanche peut être possible, c'est de penser

libre...

Écrire, c'est trouver en soi... Soi même

...

Et le but c'est de rester soi même.

Écrire permet de mettre un pied dans le monde de l'écrit et de voir un parcours se dessiner.

Écrire c'est être un chat et retomber sur ses jambes.

Écrire c'est être dans l'univers de son soi, en guise de partage universel...

Découvrir l'envie, c'est trouver celui qui est en soi. Celui qui a la clé et qui vous laisse devant une porte sans serrure. « Cherchez et la vie ira. »

Écrire est comme le temps, variable.

En écrivant, on compose un environnement et l'harmonie s'installe.

Écrire permet d'attraper l'instant pour accompagner le temps.

Écrire est une promenade qui finit sur les sommets des montagnes.

Restez devant une feuille blanche vous finirez par la remplir.

Au plus on écrit et au plus, il est facile d'écrire. Écrire c'est comme bâtir, comme construire, on devient grand avec le temps.

Écrire c'est déposer des cailloux sur le chemin pour ne pas se perdre.

Écrire offre la vie à ···

un recueil.

Quand je ne peux trouver

un recueil au pied d'un arbre, il m'en laisse les feuilles blanches pour décrire ce que la nature me laisse percevoir...

Dans le noir, vos mains sont vos yeux, quand on écrit, on a des yeux de chat.

Les écrits vivent parmi les temps...

Écrire solidifie,

Écrire liquéfie,

Écrire est dans l'air.

L'homme assit sous l'arbre,

La tête rêveuse,

La main écrit.

Sans être en apnée, on respire sous l'eau quand on écrit.

Nous écrivons et répétons sans cesse pour la génération à venir, nous écrivons avec notre temps, et pourtant on écrit la même chose depuis la nuit des temps···

Écrire est l'armure, Écrire est un sabre.

Écrire dans la continuité, C'est se dire, « demain, j'écris encore ».

Écrire permet de s'écrire

demain sans se le dicter...

Effet de reflet

Douce prophétie

Les mains sur le clavier, la musique en fond, les pensées se perpétuent, de l'une à l'autre, elles se croisent parfois, se percutent d'autres fois. Laissant aller son esprit, on demande alors aux mains de se mettre au travail. Le clavier devient alors piano, les mains jouent la musique de la pensée; douce poésie.

Nous courons après des pensées, nous les fuyons aussi...

Des notes, des sons qui deviennent mots.

Libre, plus aucune retenue quand on écrit.

L'esprit n'est alors plus ligoté par une force venant du néant, une force qui permet aux humains que nous sommes, de mettre nous même notre esprit en clôture.

Le confort aide la pensée et l'esprit, trop le matérialiser l'endoctrine, l'endort... Nombreux nous sommes à ressentir l'image qui nous définit « des moutons », nous avons arrêté, pris au piège notre propre esprit, nous limitons notre intellect.

D'où nous arrivons ? Que faisons nous ? Où allons nous ?

Des questions sans réponses que l'on ne souhaite plus se poser, pourtant elles sont existentielles depuis que l'homme à l'abri, le ventre plein, pense.

De nulle part, sans raison, à la mort...................

Une pomme sur une table, coupée en quatre pour quatre individus, au moins un a la connaissance, l'instant de plaisir, il savoure et les autres l'avalent.

A force de regarder le sol, l'être se renferme. Le fait de lever la tête , de regarder devant, aide l'esprit à grandir, la tête au ciel, il finit par voyager... A être un mouton ! ... seule la transhumance est à retenir ...

La porte est ouverte mais elle est

loinnnn...

Un cœur en éveil...

Dictionnaire à la main , pensées rêveuses, je joue avec le blanc, colorie mon esprit,

de mots en ordre et désordre.

Une simple lecture, de simples instants avec soi-même. sans anxiété, sans stress,

le temps va et parfois, je me rends ici... j'écris...

Silence et musique construisent le vide.

De simples écrits avec ou sans sens. La balade des doigts sur les feuilles.

« La promenade est un vrai parcours du combattant ».

Le sol est blanc et glissant, la nuit est tombée, le silence est encore plus grand, le temps découle toujours, pourtant il me semble arrêté. « Si bon est ce ressenti »...

L'écrit nous fait vivre même si on n'en vit pas aux yeux de ce monde car nos poches sont pleines de poussières.

Un cœur comme la valeur que peut avoir le feu quand on a froid.

Quelque part... à chacun sa confusion.
Reste à mettre le doigt sur la mienne
et je suis ici pour cela.

Il n'y a rien d'extraordinaire dans ce
qui est naturel et pourtant ça peut
être l'extase pour celui qui le découvre.

Nous nourrissons autant notre bien-être que notre mal-être. La vie est un film où l'image est parfois figée comme un fond musical.

« Attendre alors quoi » ? Ne rien attendre c'est savoir être patient aussi.

Être patient ce n'est pas, ne rien attendre.

Simples faits de constations à moi-même » ...Comme quoi , l'écriture est utile mais elle n'est pas seule, pleine de ressentis d'émotions et de souffrance que l'on s'inflige, afin d'accepter·

Humbles, sont les vérités...

Il est facile de prendre du recul quand on est en paix.

Ma quête et mon mental sont liés. Il ne s'agit pas d'avoir un grand mental mais de savoir le changer quand il est nécessaire son être. Être relatif à son propre mental. Le mental peut diversifier et limiter.

Comme une symphonie où un instrument de plus se faufile et le rythme n'est plus le même mais inchangé.

« Avoir une cheminée permet d'avoir un feu de bois qui rappel l'une des vraies valeurs de la vie ».

Nous ressentons différemment au fil du temps , parfois blessé par nos propres pensées dès le réveil,

d'autres fois cicatrisé par nos propres pensées du soir.

Quand nous laissons le temps au temps, des variantes humeurs nous accompagnent.

Assis je construis par moment mon monde, debout régénéré d'envie, de force, je démolis tout ce qui est bâti...

Je me suis établi dans la plus grande liberté, chaque instant m'appartient aujourd'hui et demain aussi.

Entouré de vie naturel, de montagnes, de ciel bleu, de chants d'oiseaux, libre, j'écris comme un prisonnier.

Dois-je alors différer mon mental ?

Ce qui arrive aussi , par le biais de ma méditation, c'est-à-dire écrire·

Face à moi-même, je préfère être sans état d'âme. Nous avons tous le renvoi de l'image, perdu, je suis, quand le reflet est déformé par le mouvement de l'eau.

Nous emplissons le monde de superflus et nous luttons déjà contre nous même.

Face à rien, beaucoup ne sont plus rien.

Une part du monde est inexcitable. Pourquoi cherchons nous à le rendre indispensable ?

Par ma propre conscience de l'instant présent, fondé par le précédent,

j'éclaire fondamentalement beaucoup d'instants qui adviennent.

A moi-même, par la propre

justesse de mes faits, de mes écrits et de mes dits...

La véritable voie de chacun ne peut être alors que spirituelle.

Moi ici ... face à mes écrits.

Des consciences ultérieures qui font de l'instant même.

« Des doigts agitent ma raison »...

Il n'existe pas de manière précise.

Je ne détiens aucune vérité. Je pense être plus proche que certains et plus loin que d'autres...

Que ma conviction soit juste à moi-même.

Je n'en sais pas plus, que ce que votre propre conscience peut connaître.

Le temps est concomitant au monde matériel sans que l'on puisse le matérialiser, alors j'écris.

La fin de cette nouvelle journée est proche. Mon âme est avide...·Elle n'a pas de raison

de l'être , comblée d'émotions et de ressentis.

Alors pourquoi cette avidité ?

Que mes écrits te mènent à ta propre quête ... Sans y déposer la plume qui permet à la balance de basculer.

Que ce soit, la musique, le silence, les dits de certains, notre mental, notre psychisme sont évolutifs à leur juste valeur, instant après instant, dans la continuité des éléments .

L'intérêt n'est pas d'être en accord avec ces écrits , ni en désaccord mais d'en épurer la compréhension de chacun comme une simple connaissance immatérielle·

La peur au ventre, que le moindre mot n' ait plus la distance du premier jour. Nous n'aurons alors plus la même perception, nous verrons différemment, si tel est le cas. N'est ce pas pourtant, sous ce jour de soleil du sud, le café sur le comptoir, que j'ai pu y lire bonté et compassion dans tes yeux . Me voilà alors seul maître, de mes émotions ...

« Moi et ma vieille voiture, moi et ma considération pour elle. Mon état d'esprit devrait-il changer si demain j'en ai une neuve ou dois je garder la même considération ? » .

Nous sommes libre arbitre des perceptions.

Ma quête est aussi quotidienne. Nous avançons tous dans le temps, en réduisant au quotidien notre temps de vie.

Questions et prises de consciences sont présentes à nos cotés.

Que découvrons-nous au fil du temps... ?

Pas grand-chose ...

A la recherche personnelle du bien-être.

Pour établir un état psychique plat, le paramètre de la relativité est indispensable.

Une relativité absolue autant matérielle que immatérielle.

Laissant silence et calme à l'avant de nos idées...·

Cette relativité nous est plus accessible, là où la nature est elle-même·

Nous sommes nous-mêmes un élément de cette nature, nous sommes apparemment l'espèce qui détient la plus grande conscience et celle qui a la plus grande difficulté à relativiser...

Où est alors la relativité juste ?

Nous avons tous cette capacité de conscience...

J'essaye moi-même d'établir cette relativité, j'écris ma vie et ma vie me fait écrire. Chaque instant détient sa part de vérité...

Prenez une pièce noire où seul un fenestron laisse une lueur pénétrer.

Déposez une plante à l'intérieur et donnez lui simplement le nécessaire à sa survie...

La morale qu'elle vous laissera alors, c'est d'aller effleurer du bout de ses feuilles la seule lueur qui lui est accessible.

Assis je contemple la lumière du soleil,
quitter les sommets des montagnes qui
sont face à moi.

Pendant qu'un boulanger se prépare à
faire le pain à autrui, de l'autre côté
de la ruche.

Au fur et à mesure que je dessine tous ces instants sur mes feuilles blanches, une histoire se forme sans que moi-même en connaisse la fin et la morale.

A moins que sa morale soit de ne pas avoir de fin.

La seule fin qui peut alors exister, dans ce que l'on nomme de concret, c'est que mes doigts n'ont plus d'existence.

Où je pourrai écrire, j'écrirai avec compassion, malgré mon tempérament de révolté au monde, je demeure sans violence...

La révolte peut être un stimulus à la sagesse.

Pendant que certains se disputent pour une place de voiture, pendant que d'autres s'insultent , par-ce que le chien a fait ses besoins sur le chemin, je suis toujours face à ces montagnes, face au temps , contemplant la neige diminuée de jour en jour.

Je ne fuis rien mais loin de moi cette panique insouciante qui ne fait que influencer mon bien-être.

Regarder l'oiseau se poser sur la branche nue de feuilles pour reprendre son envol sans la moindre conscience, me semble bien plus vrai.

Dois-je alors faire de ce bien être que j'ai semé , un potager et continuer à cultiver toutes les semences de ma conscience... ?

C'est peut être grâce à cela que j'ai la capacité de sourire à la vie ...

Le fait de ne pas savoir fait ma conscience et ma plus grande connaissance à ce jour.

Je fais alors de tous ces instants d'inconsciences, mes atouts du plus profond de ma conscience...

Et c'est souvent pour cela que contemplant les montagnes, seule l'envie de monter sur les sommets me pénètre...

C'est quand vous n'enviez plus le voisin, que lui-même vous envie.

Restant figé, maîtrise et calme
nourrissent le bien-être.

Voilà quelques heures que j'ai quitté
mes feuilles blanches...

J'ai arrêté un temps de cultiver mon
intellect et me suis laisser engendrer
par cette force qu'est la nature...

Tout me semblait arrêté malgré ce mouvement perpétuel et continu... Seul, le craquement que le pas produit dans la neige glacée se faisait entendre... C'est alors que du haut de mon intellect, je pris conscience que ma conscience ne peut égaler cette force à ce jour, sans savoir si demain, elle pourra en faire autant.

Par moment, dans cet espace temps ,
je ressens ma quête sur le bout des
doigts...·

Je n'ai pas les mots pour expliquer
comment elle arrive sur le bout de mes
doigts...

J'écris et aspire à ma quête , pris au
piège dans la roue du temps...

Que pensez-vous du temps ?

Nous n'avons pas les moyens, ni de l'arrêter, ni de l'accélérer.

Que me reste-t-'il à faire ? A part vivre à ses cotés je ne vois pas !

Au réveil, Je l'attrape au vol et le quitte au couché, sans le besoin de savoir l'heure.

Je ne veux rien imposer, j'applique mes écrits à moi-même et je médite dessus.

Mais rien ne vous empêche d'en faire autant car le seul combat que je mène, c'est rechercher le bien être...

Pendant que mes écrits se dessinent, je m'emplis de bien-être.

N'est il pas normal que je souhaite les partager.

Nous avons tous la capacité de doctrine, je me l'applique alors et vous la décris avec mes mots.

Je peins avec les seuls mots de ma connaissance à ce jour.

Je recherche le point mystérieux de moi-même et toute la richesse que me porte ce mystère, je préfère autant la laisser...

Si justesse existe dans vos faits, vous pouvez même allumer la cheminée avec.

J'ai commencé par une grande tolérance, je finirai par une compassion pour mes semblables.

La grandeur de la compassion c'est d'être difficilement accessible.

Ne croyez pas que l'on claque des doigts et que l'on compatit.

D'être face à sa raison, seul, porte courage et sagesse...

Le courage du sage ne peut être que plus grand que celui qu'il ne l'est pas.

Nous avons tous nos propres souffrances, elles sont existentielles au statut de chacun.

Pourquoi écrire ? je pourrai tout simplement rechercher sagesse, sans le biais de l'écriture.

C'est une manière comme une autre de laisser sa trace , de se relire et de comprendre les bien- faits qui nous construisent, je sais aujourd'hui grâce à l'écriture, d'où je suis parti .

Elle ouvre des portes qu'il a bien longtemps que je suis devant.

Tant que « écrire » me permet de les ouvrir, je me dois de continuer...

Chaque fois qu'une porte s'ouvre, ma liberté de penser se nourrit et elle apprend à se maîtriser seule.

Comme un effet de yin et de yang.

Bien loin d'une libération unique de moi-même , d'où ma conviction et mon courage...

Nous avons tous les atouts pour nous établir une vie meilleurs et je ne fais pas d'allusion au profit et à l'argent...

Nous demeurons tous libres pour cela, si vous voulez alors de l'argent donnez vous les moyens mais ne poignardez pas le voisin

Un voisin qui a peut être une connaissance a une vie meilleure que vous n'avez pas

Une simple manière de méditation.
Nous pensons tous et il nous suffit
alors de chercher le paradoxe de nos
pensées instantanées.

En clair si vous pensez blanc dites vous
que noir existe.

Cela nous permet d'être la contre
balance à nous-même.

Un peu comme un équilibriste sur

un fil , il se doit d'écarter les deux
bras, si il en écarte qu'un c'est la
chute...·

Par mes libres choix, je m'envoûte de sagesse et je constate en étant l'équilibriste de mes pensées, que le fil sur lequel je suis, est bien- être.

Seul ce fil, me laisse percevoir tous les ressentis qui sont en moi.

D'où le combat permanent d'être en équilibre.

Atteindre la compassion pour autrui dans ce monde et plus grand que n'importe quel amour...

La nature me souffle à l'oreille que nous sommes tous dans la même galère.

Je prends aujourd'hui la vie , à mes yeux comme elle doit être vécue...

Les mots peuvent être poétiques comme crus, c'est pour cela que je me permets de dire en tant que libre penseur,

« ce que je ne sais pas toujours être » .

« J'emmerde le monde de ma bonté »

Vous pourrez alors me dire , que si j'emmerde , c'est que je ne suis pas bon .

Je vous répondrai :

- Que quoi qu'il arrive, c'est la bonté qui l'emportera , du haut de mes pensées libres»...

Cela me permettra de relever les épaules, de relever la tête, de laisser mon esprit s'ouvrir et ne pas être la limace au fond de sa coquille mais d'être la limace baveuse qui lentement avance.

Je parle au nom de ceux qui mènent leur vie en tant qu'autodidactes ·

Ce que je suis moi-même· Un autodidacte peut devenir autonome mais autonome n'est pas forcément sage·

La vie se trouve dans le moindre fait et geste que l'on effectue...

Je vous invite à être parmi mes oreilles à l'écoute de mes pensées, de peur de ne pas entendre.

C'est ma manière à moi , de me lier à la nature des éléments, c'est-à-dire la nature elle-même qui est notre mère à tous...

Une nature qui nous semble parfaite quand nous fermons les yeux.

Et pourtant la perfection vient si on les garde ouverts...

Je vais devoir faire grandir mon vocabulaire , car au plus mon être découvre la profondeur ,et au moins il n'a de mots adéquats pour l'expliquer.

Bouddha n'est pas un dieu mais une pensée juste,

ce que nous pouvons tous être ·

Quelques haïkus,

que l'air du temps,

m'a permis de composer.

L'homme court, le temps file.

Quand il s'arrête,

Le temps défile...·

Quelles que soient les stratégies

Quelle que soient les règles

L'anarchie demeure.

Nous sommes tous en balade

Dans l'espace temps,

Minuscules et envahissants.

Le monde se bâtit ...

Toute sa grandeur sera Dans la
poussière de ce qu'il sera.

L'homme se doit de vivre

Il y avance,

Sans savoir où aller.

La chance de survie de l'homme

Dans l'air du temps.

Comme celle de l'insecte.

Livres du même auteur :

- Marche ou crée (aucune édition) _2004

- Brin de recueil _2006

- L'essence de la solitude _2009

- Le temps d'aimer_ 2009

- L'éveil d'écrire_ écrit en 2006.